ÉTUDE

SUR

LE THÉATRE ANTIQUE

AU POINT DE VUE DES DÉCORS, DES MACHINES ET DES MASQUES.

DE LA VOIX CHEZ NOS ACTEURS MODERNES.

PAR

M. René CLÉMENT.

PARIS

IMPRIMERIE ET LIBRAIRIE ADMINISTRATIVES DE PAUL DUPONT
45, RUE DE GRENELLE-SAINT-HONORÉ.

—

1863.

ETUDE

SUR

LE THÉATRE ANTIQUE

AU POINT DE VUE DES DÉCORS, DES MACHINES ET DES MASQUES.

DE LA VOIX CHEZ NOS ACTEURS MODERNES.

Nous ne nous sommes point imposé, dans cette simple notice, la tâche de décrire le théâtre antique dans son ensemble monumental. Nous laisserons de côté toute la partie de l'édifice affectée au public, et nous ne parlerons ni des gradins, ni des vomitoires, ni des compartiments en forme de coin, ni des places réservées aux archontes, ni de celles destinées aux simples spectateurs. Tout a été dit là-dessus tant bien que mal par les modernes, et un peu aussi par les anciens. Peut-être y reviendrons-nous plus tard ; aujourd'hui nous ne nous occupons que de la partie du théâtre où s'exécutaient les jeux scéniques. La lumière a été mal faite de ce côté, grâce aux soins des commentateurs qui sont venus à bout de mettre encore plus d'ombre sur la scène antique que le ciel découvert n'y jetait d'éclat.

Depuis les jours des premières études classiques où, sans nous rendre compte de l'action théâtrale, nous traduisions Eschyle et Sophocle, bien des livres ont été feuilletés par nous. Passant tour à tour d'Aristophane à Aulu-Gelle, de Vitruve à Winckelmann, nous avons cherché à nous faire une idée nette et précise des divers objets qui nous intéressent, en compulsant des textes qui nous ont souvent éclairé, mais que nous avons aussi quelquefois trouvés en contradiction les uns avec les autres, quand ils n'y sont pas avec eux-mêmes. Nous avons puisé à deux mains dans l'*Onomasticon* de *Julius Pollux* pour la description des *machines* et des *masques*. Cet auteur est remarquable par deux défauts qui semblent s'exclure : il unit à la concision la plus décharnée une diffusion rare, et ce n'est pas toujours sans efforts que l'on parvient à le saisir et à l'expliquer. On pourra s'en assurer en le consultant : qu'il nous suffise de l'avoir signalé ; nous n'y reviendrons guère.

Pour peu qu'on soit versé dans l'étude du théâtre grec, on sait ce que c'était que le proscénium, la scène, le parascénium, l'hyposcénium, l'orchestre et le thymélé. Personne n'ignore que l'orchestre qui, de nos jours, est la partie où s'assemblent les musiciens, servait autrefois aux évolutions du chœur ; mais ce qu'on n'a jamais bien défini, c'est le thymélé.

Le thymélé a été pris successivement pour l'orchestre, pour un autel, pour une estrade et pour une tribune. Des oiseaux, dans la comédie de ce nom, viennent même s'y percher. — J'entends crier la huppe et le phénicoptère ; puis un acteur ailé, au plumage de cendre, vient se percher sur le thymélé, et de là enchante les spectateurs. — C'est le rossignol. « *Muse des bois aux brillantes couleurs, je tire de mon gosier flexible de tendres accents qui animent les danses sacrées de Pan et de Cybèle, to, to, to, to, totinx.* » — Et voilà M. Boivin, le cadet, qui s'emporte contre Aristophane. Son oreille délicate a été désagréablement frappée de ces notes de la parabase des *Oiseaux*. Au siècle dernier, il a consigné son dépit dans un volume de l'histoire de l'Académie. Qu'aurait-il dit, grands Dieux ! s'il avait entendu la guitare de Figaro ? From, from, from, avec le dos de la main, dit Beaumarchais.

Vitruve et le marquis Galiani nous disent que les chanteurs, les danseurs et les joueurs de lyre se nommaient *thymelici*, car le thymélé n'était pas seulement un autel, c'était encore, outre la destination qu'il vient de recevoir, une tribune, une estrade pouvant servir également à des joutes musicales, à des disputes philosophiques ou à quelque genre d'exercice que ce fût.

Cet auteur dont nous avons parlé plus haut, Julius Pollux, rhéteur, qui donnait des leçons à Athènes cent quatre-vingts ans après J.-C., nous apprend qu'à l'arrière-scène, devant les portes, il y avait encore une espèce de thymélé, un autel qui se nommait théoris : ἡ θεωρὶς ὠνομάζετο. Il y avait encore l'élée : Ἐλεὸς δ' ἦν τράπεζα ἀρχαία, table antique sur laquelle montait un acteur pour répondre au chœur. Cet acteur était l'interprète des dieux.

LES PORTES.

Les trois genres de pièces, tragiques, comiques et satiriques, devaient avoir chacune cinq différentes entrées, trois de face, et deux sur les côtés. L'entrée du milieu était toujours celle du principal acteur. Ainsi, dans la scène tragique, c'était ordinairement la porte d'un palais ; on l'appelait *porte royale*. Celles qui étaient à droite et à gauche étaient destinées à ceux qui jouaient les seconds rôles, et les portes latérales servaient, l'une, à ceux qui arrivaient de la campagne, et l'autre, à ceux qui venaient du port ou de la place publique. Les mêmes dispositions existaient à peu près dans la scène comique. Le bâtiment le plus considérable était au milieu. Celui du côté droit était un peu moins élevé, et celui qui était à gauche représentait ordinairement une hôtellerie. Une écurie était adjacente, où l'on voyait les bêtes de trait ou de somme. Les portes en étaient plus grandes, servant à l'entrée des chars ; on les appelait κλισιάδες. Dans les *Acestriennes* d'Antiphane, on avait changé en boutique cette hôtellerie ; l'atelier avait remplacé l'étable des bœufs et des ânes.

SCÈNE STABLE, SCÈNE MOBILE, MACHINES.

De l'un et l'autre côté de la scène stable, de celle qui, en avant des portes, et construite sur un terrain solide, n'était assujettie à aucun changement, dans des espaces que les Grecs appelaient περίακτοι, on avait disposé des machines en bois qui servaient à la scène mobile, laquelle était située en avant de la scène stable. Winckelmann, dans une lettre adressée au père Pacciaudi, atteste avoir vu du bois de ces machines enchevêtré dans de vastes pierres percées et ceintes d'un lien de fer.

Les Latins appelèrent ces machines *versatiles trigoni*. Ainsi, non-seulement elles servaient au placement ou au déplacement des décors, mais encore à tous les accidents scéniques nécessités par les situations de la pièce. Quant aux décors, Vitruve, dit Barthélemy, nous apprend qu'un artiste nommé Agatharcus conçut l'idée des décorations du temps d'Eschyle, et le scoliaste, dans la vie de Sophocle, nous dit que ces premiers essais furent ensuite perfectionnés par les ouvrages qu'Anaxagore et Démocrite publièrent sur les règles de la perspective.

La scène antique, construite sur un terre-plein, ne possédait donc, comme la nôtre, ni premier, ni deuxième, ni troisième dessous. Les diverses opérations scéniques, au point de vue des décors et des machines, étaient toutes du ressort de la scène mobile. Les anciens avaient aussi grues, contre-poids, treuils, barres et leviers, quelquefois semblables aux nôtres, mais le plus souvent d'autre forme et autrement disposés, mais non moins habilement, qu'on se garde d'en douter. Ils opéraient fréquemment les descentes et les ascensions les plus périlleuses. On ne voit que cela dans les comédies d'Aristophane et même dans les tragédies.

J'ouvre au hasard Aristophane, et je tombe sur la comédie intitulée la *Paix*. Dans cette pièce, le vigneron Trygée prend la résolution de monter au ciel sur un escarbot pour demander à Jupiter la cause des malheurs dont il accable la Grèce. Le lieu de la scène est d'abord devant la maison du vigneron près du Pirée, puis l'action continue dans l'Olympe, ensuite les acteurs redescendent sur la terre. C'est ce que nous allons examiner au point de vue de la mise en scène et des machines.

L'escarbot, vulgairement connu sous un autre nom, ne pouvait guère, vu son exiguïté, servir de monture à un homme; aussi un esclave prend-il soin de nous avertir que son maître revient à la maison avec un escarbot gros comme l'Etna. Si l'escarbot réduit à ses proportions naturelles était trop petit tout à l'heure, maintenant il est trop gros, et le théâtre ne peut pas plus s'accommoder de l'un que de l'autre. Donnons-lui une taille raisonnable, et Trygée l'ayant enfourché, une machine les enlève tous deux au séjour des dieux, non sans que la maudite bête ait fait mille soubresauts, alléchée qu'elle était par certaines odeurs qui montaient du Pirée: « Pour le coup, dit Trygée, j'ai grand'peur. Machiniste, fais attention à moi: Je sens déjà certains vents qui me tourmentent le ventre... »

Nous supposons qu'il s'opère ici un changement à vue, car Trygée va arriver à la porte de l'Olympe. Après les derniers mots de son monologue, sans doute qu'il disparaissait avec sa monture dans les combles appelés κερκίδες. C'est alors que, par le jeu des machines, et pendant que la scène était restée vide un instant, la scène mobile, par un changement à vue, devait représenter le palais de l'Olympe à la porte duquel Trygée vient frapper en disant à Mercure qui se tient au seuil: « Ouvrez donc. »

Ce dieu, dont il a séduit la gourmandise, lui apprend que les autres dieux, par colère contre les Grecs qui ont préféré la guerre à la paix, sont tous partis et qu'ils l'ont laissé pour garder la vaisselle céleste ; qu'aux lieux qu'ils habitaient ils ont logé la Guerre, et que tous les Grecs sont à sa discrétion. Quant à la Paix, la Guerre l'a plongée dans une caverne profonde, et il lui montre un abîme formé d'énormes pierres. Sur ces entrefaites, entre la Guerre portant un énorme mortier dans lequel elle va piler les villes de la Grèce. Elle se met à l'œuvre, puis, s'apercevant qu'il lui manque un pilon qui n'est autre que Brasidas, elle sort pour en faire un autre. Cependant Trygée fait appel aux Grecs pour délivrer la Paix. Alors on voit accourir avec des pioches, des leviers et des câbles, les gens de tous pays qui ont intérêt à voir régner la Paix, laboureurs, marchands, artisans, ouvriers, habitants, étrangers, etc., etc., et tous, ivres de joie, se mettent à gambader, à danser, sans pouvoir s'arrêter. Mercure veut les chasser; mais Trygée lui promet que toutes les villes, délivrées de leurs maux, sacrifieront à Mercure Préservateur, et en même temps il lui fait présent d'une coupe d'or. Mercure cède, et tous, s'attelant à un énorme câble, après des efforts inouïs délivrent la Paix.

Alors Trygée prend congé de Mercure et demande son escarbot pour redescendre sur la terre; mais l'escarbot s'est attelé au char de Jupiter, et il porte la foudre. « Et comment descendrai-je? » dit le bonhomme. Mercure alors lui donne, pour le conduire, deux belles filles, Opora et Théoria. Trygée n'en demande pas davantage et sort content.

Ici la scène doit changer de nouveau, et nous devons retrouver le premier décor, car Trygée arrive en se plaignant de la fatigue du voyage, et un esclave lui dit: « O mon maître! est-ce bien toi? » Quant au chœur, il avait chargé ceux de sa suite de veiller sur les objets qui avaient servi à délivrer la Paix, « car, dit-il, le théâtre est plus que tout autre lieu investi de voleurs et d'adroits filous. » Ce qui prouve, entre nous, que du temps d'Aristophane, il y avait déjà des *Grecs* à Athènes.

Cependant Trygée, embarrassé de ses deux femmes, prend le parti de se défaire de l'une d'elles. Mais, comme il tient à la bien placer, il se propose de la présenter au sénat. En conséquence, il lui fait prendre un bain, la parfume d'essences, et comme il n'ose la confier à personne, de peur d'accidents, il s'adresse au public : « Sénateurs, et vous, Prytanes, je vous présente Théoria, etc..... »

Et la pièce finit au milieu des plaintes des marchands de casques, d'aigrettes et de javelots, qui n'ont rien gagné au retour de la Paix, par le mariage de Trygée avec Opora, l'Abondance, compagne de la Paix.

On peut voir, d'après cette rapide analyse, que la simplicité antique s'accommodait assez bien d'un certain mouvement de scène et d'un jeu de machines passablement compliqué. Et cette pièce, prise au hasard, est une des plus sobres en ce genre.

Il se présente ici une curieuse remarque à faire : c'est que ce même Aristophane, qui, non content d'imposer mille travestissements à ses personnages, les change encore en oiseaux et en grenouilles ; qui, après Eschyle, se livre à l'usage le plus immodéré des machines, raille effrontément les fils de Carcinus, et les appelle des *poëtes à machines*. Xénoclès, un de ces poëtes, aurait pu le renvoyer aux *Nuées* et à Socrate perché dans un panier entre le ciel et la terre. Allez, après cela, reprocher à Shakspeare le lion, la muraille et le clair de lune !

Le Lion — Oh !

(Thisbé se sauve).

Démétrius — Bien rugi, lion.

Polichinelle.

Donnez-moi mon mousqueton.

(faisant semblant de tirer un coup de pistolet).

Poue.

(Ils tombent tous et s'enfuient).

Molière — Premier intermède du *Malade imaginaire*.

Telle pièce d'Eschyle n'est qu'une suite de tableaux mobiles. A peine Vulcain, accompagné de la Force et de la Violence, a-t-il cloué Prométhée sur le Caucase, qu'on voit arriver l'Océan monté sur une espèce d'hippogriffe, et la nymphe Io ayant des cornes de génisse sur la tête ; puis c'est le chœur des océanides, puis Mercure, le courtier de Jupiter. Et l'éclair brille, et des cailloux violemment agités dans des urnes tombent des frises, comme nous dirions, dans des vases d'airain, et font entendre de magnifiques éclats de tonnerre.

La machine la plus ordinaire était celle qui servait à faire voler. Les dieux et les héros étaient enlevés à travers les nuages, en présence de tout le peuple. Ainsi l'on voyait Memnon transporté par l'Aurore, Orithye par Borée. Plus compliquées étaient les machines qui représentaient le supplice de Tantale, de Sisyphe et d'Ixion.

On ne croyait pas pouvoir sortir de quelque pas difficile, prononcer des maximes de vertu, concilier les familles agitées par des querelles domestiques, pacifier les nations, sans faire intervenir une divinité. Hercule descend du ciel pour décider Philoctète à quitter Lemnos. *Deus ex machinâ.*

Veut-on connaitre les noms de ces machines?

Il y avait le *pegma*, le *mur*, la *tour*, la *tour d'observation* (l'échauguette, comme on l'appelait au moyen âge); la *tour fulminante*, le *tonnerre*, l'*olympe* (un olympe complet et tout prêt à être posé) la *grue*, les *pensilia*, les *tapis*, le *demi-cercle*, le *strophium*, le *semi-strophium*, les *échelles de Caron* et les *câbles*.

Le pegma était une grande échelle assujettie à un échafaudage en haut de laquelle se trouvait un siége. Elle servait à faire voir ce qui se passait dans les maisons. Mais, comme l'action, au théâtre antique, se passait le plus souvent, pour ne pas dire toujours, au dehors et non dans l'intérieur des maisons, cette machine devait peu servir.

On confond ordinairement la *tour d'observation* avec le *pegma*; le *mur*, la simple *tour* servaient également à voir de haut.

Nous avons dit ce que c'était que le *tonnerre*.

L'olympe, qui dominait la scène, représentait Jupiter et les autres dieux, à moins cependant qu'ils ne fussent absents, comme nous l'avons remarqué dans la pièce d'Aristophane que nous venons d'analyser.

La *grue* était une machine qui, tombant d'en haut, saisissait un personnage pour l'enlever.

Les *pensilia* étaient des ficelles qui soutenaient en l'air les héros et les dieux.

Les *tapis* étaient des étoffes, des tableaux ou des peintures quelconques nécessaires à la représentation. Ils étaient disposés sur des machines tournantes, et offraient aux yeux soit une montagne, soit une mer, soit un fleuve, ou d'autres objets de ce genre.

Le *demi-cercle* est défini par son nom. Il faisait voir au loin le site d'une ville ou des nageurs au milieu des flots.

Le *strophium* était la partie du théâtre où l'on voyait les héros mis au rang des dieux, et qui avaient succombé dans la guerre ou dans les flots.

Les *échelles de Caron* servaient à faire monter sur la scène les ombres des morts, et, au moyen des câbles, on figurait le cours des fleuves ou d'autres évolutions de ce genre.

Les furies aussi n'avaient pas d'autre mode d'ascension que les *échelles de Caron*.

Voilà ce que nous avons pu recueillir de plus précis concernant les machines. Sans trop déprécier une science que plus tard Archimède devait porter à un si haut point; nous croyons cependant qu'il y avait aussi loin des machinistes du temps d'Eschyle et même d'Aristophane à nos machinistes modernes, qu'il y a loin de ceux-ci à Archimède.

MASQUES COMIQUES.

Dans l'ancienne comédie, celle d'Aristophane, on représentait, comme on sait, les personnages au naturel; c'est-à-dire que, s'il s'agissait de mettre Socrate en scène, l'acteur chargé de le représenter, non-seulement prenait son nom, mais encore s'appliquait sur le visage un masque exactement semblable à la figure du philosophe (1): c'est ce qui arriva dans les *Nuées*. Mais, s'il s'agissait de représenter un homme politique ou un guerrier, la chose devenait plus difficile et l'on était obligé d'y regarder à deux fois avant de s'exposer au courroux et à la vengence d'un personnage puissant. Ainsi, nul acteur n'ayant voulu se charger du rôle de Cléon dans la comédie des *Chevaliers*, Aristophane fut obligé de le jouer lui-même à ses risques et périls, le visage barbouillé de lie, parce qu'aucun ouvrier n'avait osé faire un masque ressemblant à Cléon (2).

Plusieurs raisons rendaient l'emploi des masques indispensable: la grandeur du théâtre, le défaut d'actrices pour jouer les rôles de femmes, la taille extraordinaire des personnages tragiques, la nature et le caractère du genre satirique. C'était encore un moyen de rendre la représentation plus naturelle, surtout dans les pièces où l'intrigue repose sur une ressemblance parfaite, comme dans *Amphitryon* et les *Ménechmes*.

Mais le masque, tout ressemblant qu'il était, n'était pas la réelle expression de la figure; c'en était ce que nous appelons la charge, c'est-à-dire l'exagération triviale et bouffonne. C'était, si l'on veut,

---

(1) Τὰ δὲ κωμικὰ πρόσωπα, τὰ μὲν τῆς παλαιᾶς κωμῳδίας, ὡς ἐπίπολυ, τοῖς προσώποις ὧν ἐκωμῴδουν ἀπεικάζετο, ἢ ἐπὶ τὸ γελοιότερον ἐσχημάτιστο.
JUL. POLL.

(2) Διὰ τὸ δεδοικέναι τοὺς σκευοποιούς, καὶ μὴ θέλειν μήτε πλάττειν, μήτε σχηματίζειν τὴν ὄψιν τοῦ Κλέωνος· λέγει οὖν ὅτι μηδενὸς ὑποστάντος αὐτοῦ ὑποκρίνεσθαι, αὐτὸς ὁ Ἀριστοφάνης μιλτώσας ἑαυτὸν ὑπεκρίνατο ἢ τῇ τρυγίᾳ χρίσας ἑαυτόν.
KÜHN.

une parodie plastique des affections morales qui laissent leur empreinte sur les traits humains comme le cachet dans la cire. S'il n'en eût été ainsi, si la fantaisie de l'artiste n'eût fait grimacer ses modèles, il n'eût pas toujours provoqué le rire et la moquerie, car il est des laideurs qui sont belles, et, si l'on eût entendu parler Socrate comme le fait parler Platon, qui ne l'eût trouvé le plus beau des hommes ? Mais qu'au lieu de ce langage divin qu'il lui met dans la bouche quand il disserte dans sa prison, Aristophane nous le représente dans son école gravement occupé à mesurer les sauts d'une puce ou à chercher si le bruit que fait un moucheron, en volant, provient de sa trompe ou d'ailleurs, le masque, par sa grimace, ajoute au burlesque du dialogue et de la situation et provoque nécessairement le rire.

La nouvelle comédie laissa de côté les ressemblances physiques pour les ressemblances morales. Les visages furent remplacés par les caractères, et ces caractères eurent leurs masques à leur tour. Qu'il est regrettable que nous n'ayons pas les comédies de Ménandre ! Qu'il serait curieux d'opposer ses types aux imitations de la comédie latine ! Dites-nous, discret Térence, ce qu'étaient avant les vôtres l'*Heautontimorumenos*, l'*Eunuque* et l'*Andrienne* de votre maître ? Qu'étaient *Thaïs*, *Glycère*, le *Banquet*, les *Buveuses de ciguë* ? A propos de ciguë, nous allions chercher noise à M. Emile Augier et lui intenter un procès en restitution; mais comme il ne reste plus que deux vers et demi de la pièce de Ménandre, il serait difficile de prouver que M. Augier lui a emprunté la sienne; pas plus qu'on ne pourrait comparer le *Sicyonien* de ce poëte antique, dont il ne reste plus que huit vers, à une autre pièce moderne qui porte presque le même titre, l'*Oncle de Sicyone*.

Mais revenons à nos masques.

Donc, les caractères remplaçant les visages, le masque, au lieu d'être Lamachus, Nicias, Cléon ou Lysistrate, fut un soldat fanfaron, un ivrogne, un pourvoyeur de débauches ou une courtisane. Le nom n'était plus que l'appellation d'un vice ou d'un ridicule, et le masque cessa d'être le signalement d'un personnage réel. La nouvelle comédie y gagna. A l'esprit tout politique de l'ancienne, à sa licence effrénée succéda la peinture circonspecte de la vie privée, de ses vices et de ses travers. Il y eut dans le langage plus de décence et de moralité. La peinture des caractères fut aussi plus fine et plus achevée. Mais la loi qui défendit aux poëtes de désigner personne au théâtre les obligea d'imaginer des masques ridicules et si absurdes qu'on ne pût les accuser de la moindre ressemblance: c'est ce qui fait qu'il y en avait de si difformes:

. . . Personæ pallentis hiatum
In gremio matris formidat rusticus infans.
JUVÉN. sat. 3.

Il en était qui ouvraient une bouche énorme et revêtue intérieurement de lames d'airain ou de tout autre métal sonore, afin que la voix y pût prendre assez de force et d'éclat pour parcourir la vaste enceinte des gradins où étaient assis les spectateurs. Sous ces gradins on avait disposé, dans des espèces de caves, des vases d'airain pour donner plus de sonorité à la salle. Nous allons établir la nomenclature des personnages chargés d'interpréter cette comédie. Nous retrouvons dans notre théâtre moderne bien des points de ressemblance avec l'ancien.

Et d'abord, on peut ranger dans la classe des pères nobles et des financiers, selon nos appellations modernes, le *pappus primus* (πάππος πρῶτος) et le *pappus secundus* (πάππος ἕτερος), premiers et seconds rôles. Il y avait encore le capitaine, le vieillard décrépit, barbu et les poils en broussailles ou agitant sa barbe (ἡγεμὼν, πρεσβυτής μακροπώγων, ἢ ἐπισείων), le pourvoyeur de débauches (πορνοβοσχὸς), aussi un vieux: Hermonée et Lycomède. Le *pappus primus*, le plus âgé, était tondu jusqu'à la peau, avait les sourcils bien garnis, une barbe majestueuse, les joues maigres, le regard triste, le teint pâle, le front et le visage assez gais. Le *pappus secundus* était plus maigre, avait les traits plus tendus, était pâle, barbu, rousseau et essorillé. Le *capitaine* avait une couronne de cheveux autour de la tête, une large face et le sourcil droit plus élevé que l'autre.

Pour l'intelligence de ce passage, il est bon de citer ce que rapporte Quintilien, *Institut. orat.*, livre X: *Pater ille, cujus præcipuæ partes sunt, quia interim concitatus, interim lenis est, altero erecto, altero composito est supercilio.* Certains masques étaient donc faits de telle sorte qu'ils exprimaient des passions différentes. Suivant qu'on se tournait à droite ou à gauche, ils paraissaient rire d'un côté et pleurer de l'autre. C'est ce qui ressort du passage de Quintilien.

Le *pourvoyeur* avait la mâchoire tordue et les sourcils contractés, était chauve par devant ou tout à fait. Hermonée était à peu près taillé sur le même modèle. Lycomède, représentant la Curiosité, avait le menton allongé et pointu et le sourcil élevé. Voilà pour les pères (grimes et comiques marqués).

Passons aux jeunes. Ils étaient plus variés : blonds, bruns, roux, rustiques, tendres, menaçants, bienveillants, la figure animée comme s'ils sortaient des exercices du gymnase. Voilà les signes généraux. Le *brun*, le beau, avait le teint coloré et les cheveux épais, les sourcils bien dessinés, une légère ride au front.

Le *blond*, jeune, tendre, élevé à l'ombre, était pâle et avait tous les signes de la douceur. (Jeunes premiers.)

Le *rustique* était d'un rouge foncé tirant sur le noir, avait de grosses lèvres, le nez camard et les cheveux crépus.

Le *soldat* avait l'air menaçant, le teint et les cheveux noirs; il les agitait à volonté (ἐπισείονται αἱ τρίχες). Il y avait encore le flatteur et le parasite : ils avaient le visage gai et les sourcils malicieusement disposés ; puis différents masques d'esclaves, personnages secondaires (seconds et troisièmes rôles en tous genres). Démosthènes appelle par dérision Eschine *tritagôniste*, acteur des troisièmes rôles.

Les femmes se partageaient en deux séries, les jeunes et les vieilles.

Parmi les vieilles, il y avait les grasses et les maigres.

La maigre prenait le nom de *louve* (γραίδιον ἰσχνὸν ἢ λυκαίνιον). Elle avait des rides légères et multipliées, le visage pâle et les yeux fauves. La grasse avait le teint jaune; de grosses rides et les cheveux retenus par une bandelette. (rôles de duègnes). D'autres encore, la domestique, la sédentaire, espèces d'utilités, ne se faisaient remarquer par aucun caractère particulier.

Les jeunes étaient beaucoup plus variées. On remarquait l'*enjouée*, la *crépue*, la *vierge*, la *fausse vierge*, la *seconde fausse vierge*, la *courtisane*, la *courtisane noble*, la *courtisane mûre*. L'*enjouée* avait une belle chevelure, les sourcils élevés et le teint blanc. La *crépue* n'avait de remarquable que ses cheveux ébouriffés.

La *vierge* avait les cheveux relevés, au-dessus des yeux une ligne de sourcils noirs et purs, la figure pâle.

La *fausse vierge* (ψευδοκόρη) était plus pâle et portait les cheveux relevés sur le devant de la tête comme les nouvelles mariées. La *seconde fausse vierge* ne se distinguait que par une chevelure fort en désordre. La *courtisane noble* avait la joue colorée et portait ses cheveux bouclés autour de ses oreilles. L'autre courtisane était plus négligée et avait le front ceint d'une bandelette.

Dans ce fouillis de personnages féminins, où nous avons omis quelques doublures, on peut aisément trouver les grandes coquettes (les Célimènes, comme nous dirions), les soubrettes, les jeunes premières, les premiers et les seconds rôles.

Nous n'avons pas nommé la *courtisane dorée*, dont la tête étincelait de bijoux d'or ; la *lampadienne*, qui, par la disposition de ses cheveux, semblait porter une lampe sur sa tête, et l'*esclave, aux calculs* attachée au service des courtisanes. Elle était parée d'une tunique de pourpre. Sans doute qu'elle portait dans ses cheveux ou autour de son cou une guirlande de petits cailloux comme emblème de ses fonctions auprès de ses maîtresses. Car il est à présumer que les courtisanes antiques, comme les modernes, savaient supputer en combien de mois on peut dépouiller de ses talents d'or ou de ses sesterces l'adolescent naïf qui se jette dans leurs filets.

MASQUES TRAGIQUES.

Ici encore, comme dans la comédie, on commence la nomenclature des masques par les pères, par les vieux.

Le premier qui se présente est tout à fait chauve, un autre a les cheveux blancs, un troisième a une couronne de cheveux gris, puis un quatrième a des cheveux noirs, et le dernier des cheveux roux.

Le plus âgé n'a pas plus de barbe que de cheveux, il a les joues pendantes. Le blanc a tout blanc, barbe et cheveux. Le gris participe des deux autres.

Le vieillard aux cheveux noirs a la barbe hérissée, l'air dur et l'os des joues saillant.

Le roux a les joues moins proéminentes ; du reste, il est d'une bonne couleur, tandis que sa doublure, un autre rousseau que nous avions omis, et d'un ton plus fade, a le visage pâle et joue les malades.

Passons aux jeunes.

Nous enregistrons le bon (le bienveillant), le crépu, le tendre, le négligé, le second négligé, le blême, le pâle.

Le bon est le plus âgé de tous, imberbe néanmoins, d'une bonne couleur, ayant des cheveux noirs et épais.

Le crépu, d'un blond ardent, paraît gonflé d'orgueil ; il a les sourcils légèrement disposés et a l'air farouche.

Le tendre est blond, a le teint blanc et la figure gaie.

Le négligé a le teint un peu livide, la figure un peu triste et les cheveux d'un blond un peu fade.

Sa doublure offre sa copie assez exacte quoique affaiblie.

Le blême est maigre, chevelu, blond, d'un teint morbide, tel qu'on représente les fantômes et les blessés.

Le pâle a le teint d'un malade ou d'un amant.

Les esclaves ou serviteurs sont ainsi classés : le pâtre, les barbes en pointe, les nez camus.

Le pâtre, qui n'a nulle prétention à l'élégance, porte des cheveux blancs en désordre retenus par une bandelette. Il a la figure pâle, même livide, le nez rocailleux, le sinciput élevé et les yeux fauves, sa barbe est grisonnante. (Tels sont le vieux pâtre et le messager dans *OEdipe-Roi*, de Sophocle, rôles courts mais accentués.)

Celui qui porte sa barbe en pointe est dans toute la vigueur de l'âge; il a le front haut et large, mais les tempes creuses; il a les cheveux jaunâtres ou roux; il fait les messages.

L'esclave au nez camus est plus soigné. Il a les cheveux blonds et relevés sur le front. Il est imberbe. Il annonce les nouvelles.

Passons aux masques de femmes.

Il y a la vieille aux cheveux blancs et épais, la vieille libre, la vieille esclave, celle qui est entre deux âges, la diphthérite ou villageoise, femme du pâtre, la chevelue, la pâle et la jeune vierge.

La vieille aux cheveux blancs les surpasse toutes en âge et en dignité; ses cheveux couvrent un front étroit, elle a le visage pâle.

La vieille libre a, comme son aînée, le front étroit et des cheveux blancs qui tombent sur ses épaules: son visage accuse un air de souffrance.

La vieille esclave porte autour de son front une bandelette de peau de mouton. Elle a la figure rugueuse.

L'esclave entre deux âges a les sourcils clair-semés, le teint pâle et les cheveux grisonnants.

La diphthérite est plus jeune et a très-peu de sourcils.

La chevelue est pâle, a les cheveux noirs et le visage triste.

La pâle ressemble beaucoup à la chevelue.

La jeune vierge porte des cheveux courts rangés autour du front, elle a le teint légèrement pâle. C'est une belle jeune fille; telle qu'on représente Danaé.

Nous avions omis la vierge qui vient de subir un outrage. On la représente parée de toute sa chevelure et le teint coloré.

Il y avait encore des personnages de convention, des êtres fictifs, des masques emblématiques. Ainsi Actéon était cornu, Phinée aveugle, Argus avait beaucoup d'yeux, puis c'était un fleuve, une montagne, Méduse, la Justice, la Mort, un centaure, un géant, la Persuasion ; les Muses, les Heures, la Fraude, l'Ivresse, la Paresse, l'Envie. Ces derniers masques étaient également comiques.

MASQUES SATYRIQUES.

Ils étaient peu nombreux. Il y avait le vieux satyre au poil blanc, le satyre barbu et le satyre imberbe. Puis venaient Silène et la vieille femme. Les autres personnages n'étaient que leur doublure.

Tous ces masques, tous ces personnages du théâtre antique n'ont point été établis et disposés par nous capricieusement et au hasard, pas plus que la nomenclature et l'emploi des machines. Ainsi que nous l'avons dit en commençant, nous nous sommes livré à des investigations profondes, nous avons eu à lutter avec des textes d'une diffusion et d'une obscurité rares. Si, malgré nos soins, l'obscurité règne encore dans certaines parties, nous n'en acceptons pas la responsabilité. Avec les indications sommaires que nous avons données sur les rapprochements à faire entre les divers emplois indiqués par les masques et la comédie moderne, pour peu qu'on soit versé dans la littérature dramatique de l'antiquité grecque ou latine, on pourra, sans trop de peine, une pièce d'un vieil auteur à la main, appliquer sur la figure des personnages le masque qui lui convient.

Nous profiterons de cette occasion pour conseiller à un zélé acteur de nos amis, attaché au plus important des théâtres modernes, de lire le passage de Quintilien cité dans cet opuscule, et de se rappeler ce masque dont le sourcil droit est plus élevé que l'autre. Il ne nous reprochera plus d'avoir créé, dans une comédie imitée de l'antique, et dont il a joué le πάππος πρῶτος, un personnage d'humeur trop changeante, et qui s'irrite et s'apaise à chaque instant. Ce caractère est aussi bien dans la nature que celui qui ne varie pas. De plus, il présente parfois un côté sentimental vrai parce qu'il est père, et colore son langage de plus de poésie et d'élévation quand la situation le comporte. Horace l'a dit : *Interdùm vocem et comœdia tollit.*

Ce serait bien ici le cas, et sans trop sortir du sujet, de portraiturer en quelques mots un de ces matassins de lettres qui, sous prétexte qu'il avait confectionné un vaudeville ou deux, s'était glissé, il y a quelques années, dans une revue où il avait établi son échoppe de critique sur le derrière. De là, il seringuait impitoyablement toutes les pièces nouvelles. Il se vengeait de n'avoir pas réussi en attaquant ceux qui réussissaient, et il étendait sa rancune comme un baume sur sa nullité. Quand il avait insulté un succès, il lui semblait qu'il souffrait moins, et il se consolait de n'être rien, en empêchant les autres d'être quelque chose. Il pansait alors avec plus de complaisance les plaies envenimées de son amour-propre.

Il en voulait surtout à l'antiquité. Les lettres antiques sont, on le sait, l'éternel remords de ceux que la muse a dédaignés, comme elles sont la source éternellement fraîche et pure où viennent se désaltérer et se retremper les génies. Notre homme pourfendait donc l'antiquité en digne matamore ; seulement il se battait contre l'inconnu et il frappait dans le vide. Au seul nom d'Athènes, il entrait en fureur. Pour lui, Platon et Sophocle n'existaient pas, ou, s'ils avaient existé, il y avait si longtemps que ce n'était pas la peine d'en parler, encore moins de s'en occuper. Il enveloppait donc ces pauvres vieux maîtres dans un héroïque mépris, et était loin de se douter, le superbe, que l'Ombre de Darius, dans la tragédie des *Perses*, avait fait son apparition à Athènes bien des siècles avant le fantôme de la plate-forme du château d'Elseneur. Il ne savait pas non plus que les êtres de raison auxquels Eschyle donne un corps dans la première scène de *Prométhée* avaient pu servir de prototype aux créations les plus hardies de la fantaisie, ni qu'Antigone, avant Cordélia, avait servi de guide à son vieux père aveugle. Il ignorait cela comme beaucoup d'autres choses, ce qui ne l'empêchait pas, comme nous l'avons dit, d'étaler son insignifiante signature dans une spirituelle revue à laquelle il n'ajoutait rien du tout.

Depuis il a changé de métier, sans mieux faire.

Rentrons dans notre sujet.

Ore rotundo.
Hor.

Il ne nous paraît pas hors de propos, pour clore cette notice, d'examiner, en quelques mots, comment les comédiens grecs comprenaient et exécutaient la diction théâtrale. Il s'agit ici de la voix : n'est-elle pas le plus merveilleux de tous les instruments ?

Ils disposaient d'abord l'ïambe à la récitation; ils le maniaient, en quelque sorte, le formaient avant de l'admettre à l'expression définitive. Ils l'appliquaient à leur organe, ils l'essayaient, ils cherchaient le diapason, ils préludaient, en un mot ils jouaient du larynx avec le mètre; le gosier était l'instrument, la poésie ïambique était la musique, musique écrite par les divins symphonistes Sophocle, Aristophane. Ils s'entendaient merveilleusement à assouplir leur voix et à la plier à toutes les intonations, qui du reste leur étaient données par la lyre ou la flûte, suivant qu'il s'agissait du dialogue ou des chœurs.

Une fois maîtres de l'ïambe, il ne s'agissait plus que de le lancer. C'est alors qu'ils savaient tour à tour accélérer ou ralentir le débit, enfler ou affaiblir la voix, saccader les mots, caresser l'expression, filer la phrase, longuement, sans reprendre haleine. Leur parole faisait au besoin des soubresauts, voire même des signes ; elle consentait, imitait, riait, se moquait, insultait. Puis, comme deux chanteurs qui se répondent, les voix allaient de l'un à l'autre interlocuteur ; un mot avait même été inventé pour exprimer ce dialogue des ïambes, c'était la sticomutie (στιχομυθία), la conversation des lignes, des vers.

L'acteur était dit en outre gravisonnant, résonnant, circumsonnant, étouffant sa voix, parlant avec curiosité, fortement ou doucement, avec un timbre féminin ou mâle. On disait : élever la voix, la supprimer, l'étouffer. Aristophane dit : « Φθέγξαι σὺ, τὴν φωνὴν ἀναστοιχήσας ἄνω. » Parle en déployant ta voix ; et encore, « Φθέγμα κεκράτηκε. » Sa voix a dominé. Ce que nous disons de l'ïambe se rapporte également à l'anapeste, spécialement consacré aux parabases.

Que si l'on nous demande quelle a été notre intention en écrivant ces lignes, et si nous avons prétendu apprendre des choses nouvelles avec ces choses anciennes, nous répondrons : Nous n'avons eu d'autre but que d'établir d'une manière plus précise et plus certaine la destination de certaines parties du théâtre grec; de définir plus clairement certains objets restés obscurs; d'assigner à d'autres leurs fonctions réelles; de condenser l'éparpillement et la diffusion des antiques notions de la scène ; en un mot, de présenter d'une façon presque synoptique des tableaux disséminés ailleurs dans cent pages diverses. Nous demandons qu'il nous soit permis de reconnaître et d'admettre dans cette étude une partie entièrement neuve et originale : c'est, dans la nomenclature des masques, le rapprochement, si rapide qu'il soit, entre les emplois des acteurs de la comédie moderne et les fonctions assignées aux comédiens antiques, abstraction faite des habitudes et des mœurs. Nous n'avons souvenir ni connaissance d'aucun ouvrage qui ait traité ce sujet, et il y aurait un curieux livre à faire, et tout d'analyse, sur les pièces grecques, voire même latines, comparées à celles de notre théâtre classique, au triple point de vue de la confection de l'œuvre, de sa mise en scène et de son exécution.

Nous avons terminé cet essai par un court exposé de diction théâtrale, et nous avons parlé avec quelque insistance de la patiente et laborieuse étude mise en œuvre par les artistes grecs pour assouplir leur voix et la rendre digne de traduire, comme instrument, les merveilleuses symphonies des maîtres. De ces œuvres divines le côté le plus saisissant, le seul appréciable à l'oreille, n'a jamais été connu de nous, nous voulons parler de la musique des idiomes et des voix. Si la race hellénique avait les formes les plus belles et le goût le plus parfait qui se puissent imaginer, serait-il raisonnable de croire que le clavier vocal était, dans leur organisme, en désaccord avec les autres harmonies ? Ne peut-on, pour peu que l'induction nous y pousse, se faire une idée de la douce mélopée des récitatifs ou de l'ardente attaque des strophes ? Tout merveilleusement doués qu'ils étaient cependant ces artistes, nous avons vu ce qu'ils dépensaient de soin et de labeur pour arriver à la perfection du bien dire. Si nous insistons sur ce point, ce n'est pas sans motif. Nous voulons faire sortir un enseignement de cette partie de notre travail; et dire, en quelques mots, aux maîtres de la scène moderne, qu'ils ne sauraient trop recommander à leurs disciples et pratiquer eux-mêmes le développement et le perfectionnement de cet organe enchanteur qu'on appelle la voix. Φθέγξαι σὺ, τὴν φωνὴν ἀναστοιχήσας ἄνω. Qu'on ait plaisir à vous entendre.

DE LA VOIX CHEZ NOS ACTEURS MODERNES.

Si, du théâtre de Sophocle et d'Aristophane, nous nous transportons sur la scène moderne, à la recherche du merveilleux instrument, il faudra, pour le retrouver, désertant les maîtres de la prose et de la poésie, nous réfugier dans une salle d'opéra. Là seulement la mélopée antique sera vaincue. Mais, triste chose! pour apprécier l'incomparable organe, il faudra nous résoudre à entendre, non les mâles et puissants accords de la muse légitime, mais les platitudes de la poésie chantée. Ces fadaises feront taire les plus beaux couplets du *Cid* et du *Misanthrope*. Pourquoi? parce que, pour chanter, on a longtemps exercé sa voix et que, pour dire, ce dont on s'est le moins préoccupé, c'est de cet organe. On a soigné le geste et l'intonation, mais la voix ni peu ni prou. On a laissé cette besogne à dame nature, qui parfois s'exécute de bonne grâce, mais qui le plus souvent demande à être secondée : interrogez à ce sujet les chanteurs. En sorte que l'instrument, quoique généralement d'accord, fait entendre tantôt des sons rauques et criards, tantôt des notes grêles et fêlées. Donc, ô maîtres, ne négligez pas l'orchestre des voix, afin que les sublimes partitions de Corneille ou de Molière soient exécutées avec des instruments convenables.

Depuis nombre d'années, nous suivons attentivement les représentations théâtrales, et nous n'hésitons pas à dire que ce qui fait défaut chez les anciens comme chez les nouveaux acteurs, c'est moins le talent, proportion gardée, que la voix. C'est la voix que les uns n'ont plus ou n'ont pas cultivée, et que les autres n'ont pas et n'auront jamais. C'est la voix qui, mise au service de l'intelligence, fait le comédien parfait.

Le théâtre est une tribune, le comédien est l'orateur des passions comme l'interprète des ridicules. Corneille est aussi grand que Démosthènes, Molière aussi profond que Pascal, et, qu'on me permette ce rapprochement, aussi sévère et parfois aussi religieusement triste que Bourdaloue (1). Bossuet a-t-il jamais fait entendre les accents d'un christianisme plus ardent, plus inspiré et plus pur que le langage mis par Corneille dans la bouche de Polyeucte?

---

(1) Voir dans *Don Juan*, acte IV, les tendres et dernières prières de Dona Elvire.

Talma tonnait comme Démosthènes ; mais qu'on donne à Talma une voix enrouée et triviale, et son génie est supprimé, le sublime acteur n'existe plus.

Voyons les choses d'un peu moins haut. Nous avons certainement, à l'heure qu'il est, sur la scène française, des acteurs qu'on peut appeler des maîtres. Ils ont une diction à peu près irréprochable. Il n'en est pas de même de la voix.

Dans l'un elle est gutturale, dans l'autre elle sort du nez. Ici grêle, là stridente. Mais ces défauts, inhérents aux années envahissantes, sont splendidement rachetés chez ces artistes par la perfection de l'intonation et du débit. Demande-t-on d'ailleurs à Géronte la chaleureuse et vive diction de Dorante et d'Horace, et à dame Pernelle la douce voix d'Elmire ? Dans les emplois exclusivement comiques, les défauts que nous signalons, loin de nuire à l'effet, y ajoutent quelquefois ; mais tous les emplois ne sont pas comiques, et bien des genres de comique veulent s'en passer. Si nous faisons le procès aux voix défectueuses, nous devons reconnaître qu'il en existe, c'est le petit nombre, de sonores, d'agréables et de sympathiques. Ce sont communément les jeunes, mais les jeunes fortifiées déjà par des exercices gradués et amenées insensiblement aux dictions ardues, et non prématurément faussées par l'escalade désespérée et mortelle des grands rôles. Les belles voix sont les voix faites et qui sortent d'une forte poitrine, *ferrea pectora*, dit Juvénal, en parlant de Vectius qui enseignait la déclamation. Nous pouvons en dire autant à ceux qui l'apprennent. Les tourterelles de la rampe, elles même, doivent roucouler d'une voix pleine et facile, et non agacer nos oreilles par un organe en mue, et le *la, la, itou* d'une tyrolienne fantastique.

L'écueil des jeunes comédiennes, le banc de cailloux sur lequel vient se briser leur voix, et quelquefois leur talent, c'est l'emportement d'une passion quelconque montée à son paroxysme, haine et colère surtout, deux vilaines travailleuses qui mettent l'étranglement dans le gosier et impriment, si l'on n'y prend garde, un mouvement accéléré et ridicule aux sourcils et à la peau du front. Combien, dans leurs tragiques fureurs, en jouant des muscles de la face, font danser leur diadème ! C'est burlesque. Jupiter lui-même ne secouait pas ses sourcils avec plus de majesté quand il tréméfiait l'Olympe. O belles jeunes filles ! ne vous pressez pas d'aborder ces grands vilains rôles qui demandent des femmes complètes et d'allures viriles, ces rôles où l'on se fâche, où l'on crie trop fort et trop longtemps. Ne vous pressez pas d'être mères et nourrices. Ne soyez, à vingt ans, ni la reine Elisabeth, ni la vieille Œnone. Il n'y a pas d'emploi qui puisse obliger à forcer la nature. Laissez aux aguerries ces audaces qu'elles savent rendre. Trouverez-vous vos pareilles dans Juliette et Desdémona ? Là sont vos compensations. N'abordez donc pas trop tôt certains emplois, au détriment de votre beauté et de vos grâces. Laissez faire au temps, allez, il détruit moins vite les Pernelles que les Célimènes.

La femme est plus faite pour la pitié que pour la fureur. Les sentiments politiques, les rêves de l'ambition, sont l'affaire des hommes. C'est ce qui fait que les femmes de Racine sont plus humainement vraies que celles de Corneille. C'est ce qui rend Desdémona et Cordélia plus sympathiques et plus attrayantes que lady Macbeth. Mais enfin la colère et les imprécations sont aussi dans la nature des femmes ; or, quand elles s'y trouvent empêtrées, elles ne sauraient trop songer qu'il est plus difficile d'en sortir que d'y entrer. Il en est de la colère, pour les femmes, comme de la danse que les sévères matrones étaient obligées de danser à Rome avec les satyres dans certains jours de fête. Pendant que les cornipèdes se livraient à mille contorsions effrontées, elles avaient soin de se mouvoir dans une cadence apaisée et modeste et de surveiller les irritantes provocations de leur vêtement. Les satyres étaient dans leur nature, les femmes devaient rester dans leur rôle.

Ce n'est pas sans dessein que nous avons abordé ce côté des rôles féminins. Nous avons vu, ainsi que nous l'avons dit plus haut, les actrices les plus belles, les plus jeunes, les plus gracieuses et les plus intelligentes s'y fourvoyer. Celles qui ont atteint la maturité sont plus prudentes. Elles savent tout ce que la colère peut ajouter à l'outrage des ans ; aussi leurs effets, au lieu d'être trop expansifs et tout extérieurs, sont internes et concentrés. Leur fureur se traduira plutôt par un grondement sourd, par un geste contenu, par un roulement d'yeux arrêté à temps, par une lèvre plissée et serrée, que par des éclats de voix prolongés ; ou, si leur voix se prolonge en éclats, elles l'auront mise à un diapason complètement dans leurs moyens (en cela nous ne les blâmons pas), en sorte qu'elles pourront barytoner jusqu'au bout sans grimacer ou glapir, sans trop ululer, et sans qu'à la fin de leur concert on entende dans leur instrument l'éraillement de la fatigue.

Heureux, trois fois heureux ceux qui ont reçu du ciel une bonne voix en partage ! Par ce seul avantage, leur cause est à moitié gagnée au théâtre. L'étude les amènera sans encombre à ces positions hors ligne tant enviées et d'une si pénible escalade. Les belles choses mal dites irritent et exaspèrent ; bien dites avec une piètre voix, elles perdent la plus grande partie de leur prix. Nul ne l'ignore ; aussi c'est plaisir de voir comme chacun s'évertue à jouer de son instrument. Et, pour qui veut détacher son attention de la pièce qu'on représente et la reporter tout entière sur ses interprètes, le spectacle n'en sera pas moins intéressant.

LA COMÉDIE AU BOIS.

Ainsi, quand la nuit vient le soir dans les bois, au calme profond succède une sorte d'agitation et un bruit de vols dans les branches. La lune monte derrière les chênes ; c'est le rideau qui se lève, le spectacle va commencer. Tout à coup un merle lance une note aigüe et moqueuse, comme pour faire l'exposition de la pièce ; puis d'autres voix répondent, et il s'engage un dialogue tantôt vif et pressé, tantôt lent et tendre. Le merle et le loriot sont les comiques de la troupe ; ils ont le mot pour rire, et souvent ils se mettent à jouer malicieusement de la flûte à travers les cris tragiques de l'émouchet. Mariane la tourterelle exhale son amour en longues notes désolées, et se voit aigrement chapitrée par dame Pernelle, la vieille corneille au corsage noir. Nicole, la bécasse, va fourrer son nez où elle n'a que faire, et les geais, en pourpoint bleu, vont sautillant comme des marquis autour de quelque Célimène au beau plumage. Les pies, en cornette blanche et noire, jacassent comme des servantes et se montrent de la patte Tartuffe, le coucou, qui va pondre dans le nid d'Orgon. « *La maison m'appartient....* »

Charmante comédie, et qu'on peut se donner à peu de frais quand on est dans le voisinage des bois ; charmante comédie, où les acteurs emplumés ont une voix si heureuse et des intonations si variées ! Pour vous, acteurs et actrices de la rampe, vous qui, suivant l'antique définition, êtes aussi à deux pieds, mais sans plumes, puissiez-vous avoir dans le gosier l'harmonieux appareil de la fauvette et du merle !

www.ingramcontent.com/pod-product-compliance
Lightning Source LLC
Chambersburg PA
CBHW030112230526
45471CB00003B/1379